Christian Beier

Internet in der 3. Welt - Netzanbindung ländlicher Regionen Indiens

GRIN Verlag

Bibliografische Information der Deutschen Nationalbibliothek:

Die Deutsche Bibliothek verzeichnet diese Publikation in der Deutschen National-
bibliografie; detaillierte bibliografische Daten sind im Internet über http://dnb.d-
nb.de/ abrufbar.

Impressum:

Copyright © 2006 GRIN Verlag GmbH
Druck und Bindung: Books on Demand GmbH, Norderstedt Germany
ISBN: 978-3-640-92698-5

Dieses Buch bei GRIN:

http://www.grin.com/de/e-book/172685/internet-in-der-3-welt-netzanbindung-
laendlicher-regionen-indiens

GRIN - Your knowledge has value

Der GRIN Verlag publiziert seit 1998 wissenschaftliche Arbeiten von Studenten, Hochschullehrern und anderen Akademikern als eBook und gedrucktes Buch. Die Verlagswebsite www.grin.com ist die ideale Plattform zur Veröffentlichung von Hausarbeiten, Abschlussarbeiten, wissenschaftlichen Aufsätzen, Dissertationen und Fachbüchern.

Besuchen Sie uns im Internet:

http://www.grin.com/

http://www.facebook.com/grincom

http://www.twitter.com/grin_com

Humboldt-Universität zu Berlin

Institut für Informatik

Seminar Entwicklung des Internet in Nicht-OECD-Ländern

Netzanbindung ländlicher Regionen Indiens

Christian Beier

1. August 2006

Der Problembereich der Internetanbindung, Vernetzung und Nutzung von Informationstechnologien in ländlichen Regionen Indiens soll näher betrachtet werden. Besonderes Augenmerk liegt auf dem Aspekt der Technik: die verschiedenen technischen Lösungsansätze sollen auf ihre Eignung hin untersucht und bewertet werden.

Inhaltsverzeichnis

1 Einleitung

Die Bevölkerung in Staaten der so genannten Dritten Welt sieht sich mit mannigfaltigen Problemen konfrontiert, die auch die grundlegendsten Lebensbereiche und nicht selten das bloße Überleben betreffen. Aber so unterschiedlich die Staaten, die unter diesem Begriff zusammengefasst werden, so unterschiedlich sind auch die Probleme der Bevölkerung. Während in Somalia die Menschen im Chaos eines *failed state* versuchen, einfach das eigene Leben schützen und die tägliche Ernährung zu sichern, sind die Probleme im immer noch zu den Entwicklungsländern gerechneten Indien schon anders geartet. Hier sind nicht mehr fehlende staatliche Ordnung oder Ernährung die Hauptsorgen, eher sind die Schwierigkeiten infrastruktureller Art: abseits der Städte sind Transport- und Kommunikationswege je nach Region halbwegs adäquat bis kaum vorhanden. Gerade der Unterschied zwischen Leben auf dem Land oder Leben in der Stadt macht den Unterschied: Er bedeutet nicht allein ein Arm-Reich-Gefälle, es tut sich vielmehr auch eine *digital divide* auf, eine Kluft zwischen an Informationstechnologien Teilhabenden auf der einen und davon Ausgeschlossenen auf der anderen Seite.

Die Arbeit wird zur Einleitung einen kurzen Abriss der momentanen (IT)-Situation im ruralen Indien bieten und dabei dem Unterschied zwischen Leben in der Stadt und Leben auf dem Land besondere Aufmerksamkeit zukommen lassen. Ein weiterer Schwerpunkt ist die Frage nach dem tatsächlichen Nutzen der Einführung von Vernetzung und Informationstechnologie für die Landbevölkerung. Schließlich werden die verschiedenen technischen Lösungsansätze vorgestellt, verglichen und der Versuch einer Bewertung vorgenommen.

2 Das Stadt-Land-Gefälle in Indien

Indien ist mit 1,1 Milliarden Einwohnern die größte Demokratie der Welt. Am höchsten ist die Bevölkerungsdichte in der Stromebene des Ganges mit den Bundesstaaten Westbengalen und Bihar, im Ballungsraum Delhi, im Bundesstaat Uttar Pradesh und schließlich im Bundesstaat Kerala im Südwesten des Landes. Außerdem existieren einige Ballungsräume an der West- und Südostküste. In all diesen Gebieten leben mindestens 600 Menschen auf einem Quadratkilometer, in den Ballungsgebieten sind es über 8000. Die restlichen Bundesstaaten weisen weitaus geringere Bevölkerungsdichten auf, besonders dünn besiedelt sind die Himalayaregion, die Berggegenden des Nordostens, und die trockeneren Regionen des Bundesstaates Rajasthan. Indien besitzt besitzt 34 Städte mit mehr als einer Million Einwohnern, trotzdem leben nur 28% der Bevölkerung in Städten. [10]

Die indische Bevölkerung ist - in allen Landesteilen - überdurchschnittlich jung: Das Durchschnittsalter der Inder beträgt 26 Jahre, in Deutschland sind es 40. [9] Männer werden durchschnittlich 63 Jahre alt, Frauen 65. In Deutschland beträgt die Lebenserwartung dagegen für Männer 75 Jahre, für Frauen 81. [9] Frauen und Männer sind de jure gleichgestellt, trotzdem sind Frauen im gesellschaftlichen Leben benachteiligt, so sind z. B. Zwangsheiraten auf dem Land immer noch üblich. Auch am Grad der Alphabetisierung lässt sich diese Benachteiligung ablesen: Während 75% der Männer lesen und schreiben können, sind es bei den Frauen nur 53%. Besonders ausgeprägt ist diese Diskrepanz im ruralen Indien. Überhaupt verfügen dort viele Menschen nur über eine sehr rudimentäre Schulbildung, weiterführende Schulen und Hochschulen existieren nur in den Städten. [10]

Auch der Anteil der Armen ist in den ländlichen Gebieten besonders groß: laut Weltbank haben 44% der indischen Bevölkerung weniger als einen US-Dollar pro Tag zur Verfügung, ein Viertel kann sich keine ausreichende Ernährung leisten, lebt also unter der Armutsgrenze. Auf dem Land kommen noch weitere Probleme hinzu: So ist Kinderarbeit dort immer noch weit verbreitet, auch das Phänomen der Schuldknechtschaft ist typisch für das ländliche Indien: Verschuldete Bauern werden gezwungen, ihren Grundbesitz zu verkaufen und schließlich sogar ihre Arbeitskraft an Grundherren zu verpfänden. Schließlich existiert auf dem Land das Kastensystem oft noch fort, die Kaste der Unberührbaren und die indigene Stammbevölkerung werden dann systematisch diskriminiert. Die Folge dieser Lebensumstände ist eine massive Landflucht, die für viele in den Slums der Großstädte endet. So lebt mittlerweile fast ein Drittel der Stadtbevölkerung in Slums. [10]

Auch bezogen auf das Gesundheitssystem existieren Unterschiede zwischen Stadt und Land, obwohl die Situation in den städtischen Slums der auf dem Land ähnelt: Oft haben die Menschen keinen Zugang zu sauberem Trinkwasser und Sanitäranlagen, die hygienischen Bedingungen sind schlecht. Hinzu kommt, daß viele an Unterernährung leiden und die medizinische Versorgung keineswegs ausreichend ist. [10]

Weiterhin tritt das Stadt-Land-Gefälle im Bereich der Wirtschaft besonders hervor: 60% der arbeitenden Bevölkerung sind in der Landwirtschaft beschäftigt, erwirtschaften dort aber nur 25% des Bruttoinlandsproduktes: Im landwirtschaftlichen Sektor gibt es immer noch viel Handarbeit, die Industrialisierung der Landwirtschaft steht immer noch aus. Im Gegensatz dazu arbeiten im industriellen Sektor nur 20% und erwirtschaften damit trotzdem 25% des Bruttoinlandsproduktes. Der Dienstleistungssektor schließlich ist mit 20% der kleinste, trägt aber mit 50% am meisten zum BIP bei. Das Zugpferd ist hier die Informationstechnologie, mit den Hauptstandorten in den großen Ballungsgebieten und dort besonders Bangalore, Indiens »Silicon Valley«. Auch die anderen Hightech-Branchen wie Hardwarefertigung und Biotechnologie beschränken sich auf die großen Metropolen und ihre Ballungsräume. [10]

In Folge dieser Verteilung der Wirtschaftszweige ist auch die Infrastruktur in den städtischen Gebieten besser ausgebildet als auf dem Land. Die Straße ist mit einem Anteil von 70% der transportierten Güter und 85% der reisenden Personen der wichtigste Verkehrsweg, allerdings ist nur die Hälfte asphaltiert und gerade in den ärmeren Bundesstaaten die Qualität der Straßen nicht besonders gut. Auch die Infrastruktur der Energieversorgung weist Unterschiede zwischen Stadt und Land auf: 87% der Stadtbewohner verfügen über einen Stromanschluss, auf dem Land sind es nur 43%. Schließlich ist die Verbreitung von Möglichkeiten zur Telekommunikation einem starken Stadt-Land-Gefälle unterworfen: Während in den Städten das Telefonnetz (fest und mobil) annehmbar ausgebaut ist, sind in ländlichen Gebieten die so genannten »public call offices« oft die einzige Möglichkeite, ein Telefonat zu führen: Hierbei handelt es sich um private Telefone, für deren Benutzung vom Eigentümer eine Gebühr verlangt wird. [10]

3 Der Nutzen von IT und Vernetzung für die Landbevölkerung

Wie im vorangegangenen Abschnitt dargelegt wurde, lebt der Großteil der indischen Bevölkerung auf dem Land unter eher schlechten Lebensbedingungen. Der übergroße Anteil der Landbewohner ist im Agrar-Sektor beschäftigt. Um die Situation dieser Menschen zu verbessern, wäre also die Verbesserung der Effizienz der Landwirtschaft ein möglicher Ansatz: Ein besseres Management von Ressourcen würde bei gleichzeitiger Schonung des Bodens höhere Erträge ermöglichen. Die Lebenssituation der Landbevölkerung könnte so verbessert werden und die Landflucht eingedämmt werden. [1, 5]

Die Grundidee vieler Ansätze ist dabei eine marktorientierte Entwicklung der Landwirtschaft, speziell die Förderung von Klein- und Kleinstbetrieben, um den Agrarsektor allgemein zu beleben und voranzubringen: Bauern sollen nicht mehr nur für den Eigenbedarf produzieren, sondern als Unternehmen auftreten. Die größere Konkurrenz soll die Anwendung effizienterer landwirtschaftlicher Techniken fördern, einen höheren allgemeinen Bildungsstand bewirken und schließlich für ein Mehr an Arbeitsplätzen sorgen. [5] Nicht zuletzt sollen durch bessere Qualität zusätzliche globale Absatzmöglichkeiten erschlossen werden, wie z. B. die EU-Staaten mit ihren recht strengen Anforderungen an landwirtschaftliche Erzeugnisse.

Das Ziel ist also letztendlich die *Industrialisierung der Landwirtschaft*. Den Anschub dazu könnten landwirtschaftliche Wissens- und Informationsmanagementsysteme geben. Sie sollen Bauern, Dienstleister, Verwaltung und Wissenschaft näher zusammenbringen und so den Agrarsektor insgesamt effizienter machen. [5]

Dazu existieren in Indien etliche Initiativen und Programme von Regierungsseite: Vorschläge und Entwürfe kommen vom »National InformaticsRessourcen Centre« (NIC) und »Department of Agriculture and Cooperation« (DAC). [5] Die wichtigsten sind:

- AGRISNET: Hierbei handelt es sich um ein Infrastruktur-Netzwerk bis hin zu einzelnen Haushalten, um landwirtschaftliche Dienstleistungen anzubieten und Geschäfte im Agrarbereich zu koordinieren.

- AGMARKNET: Soll 7000 landwirtschaftliche Großhandelsmärkte und 32000 ländliche Dorfmärkte vernetzen.

- ARISNET: Das »Agricultural Research Information System Network«.

4

- SeedNET: Ist ein Netzwerk, um Informationen über das geeignetste Saatgut einzuholen und auszutauschen.

- CoopNet: Soll 93000 landwirtschaftliche Kreditgesellschaften und Kooperativvertriebsgesellschaften vernetzen.

- FERTNET: Ein Netzwerk, um Informationen über geeignete Düngemittel (chemisch, biologisch oder organisch) einzuholen.

- PPIN: Das »Plant Protection Informatics Network«, es geht also um geeignete Schutzmaßnahmen für Pflanzen, wohl vor Schädlingen und Umwelteinflüssen.

- APHNET: Das »Animal Production and Health Informatics Network«, soll etwa 42000 Zentren für Tiergesundheit vernetzen.

- FISHNET: Das »Fisheries Informatics Network«.

- LISNET: Das »Land Information System Network«, soll alle alle Institutionen vernetzen, die mit Land- und Wassermanagement zu tun haben.

- AFPINET: Das »Agricultural and Food Processing Industries Informatics Network«.

- NDMNET: Das »Natural Disaster Management Knowledge Network«.

- Weather NET: Ein landesweites Wetterinformationssystem.

Von all diesen Entwürfen ist AGMARKNET (Stand 2004) schon im Einsatz und hat laut »NIC« genau den erhofften Effekt, nämlich die propagierte marktorientierte Entwicklung der Landwirtschaft auf Basis von Kleinbetrieben: Bis Ende 2004 waren so schon 735 agrarische Großhandelsmärkte vernetzt. [5] Laut »NIC« greift AGMARKNET der Globalisierung der Landwirtschaft ein Stück weit vor, in dem es der traditionellen Kette aus Produzent, Zwischenhändler, Verarbeiter und Konsument ein komplexes Netz dieser Akteure entgegensetzt: So sollen gerade kleine Agrarbetriebe etwas unabhängiger gemacht werden von den großen Zwischenhändlern, in dem sie ihre Erzeugnisse direkt über AGMARKNET allein oder im Zusammenschluss mit anderen Kleinbetrieben vermarkten können. So sind Bauern nicht gezwungen, ihre Waren zu unökonomischen Preisen auf dem nächstbesten Markt zu verkaufen, sondern haben stattdessen die Möglichkeiten, sich über bessere Absatzmöglichkeiten und Kooperationen zu informieren. [5] Im Detail soll AGMARKNET folgende Dienste bereitstellen:

- nationale Marktinformationen für Großhandelserzeugnisse

- tägliche Marktpreise sowie wöchentliche Trends

- Informationen über Kredite, Versicherungen und gesetzliche Regelungen

Die Vernetzung an sich ist hauptsächlich über das Internet realisiert, dafür gibt es an den angeschlossenen Marktplätzen Computerterminals. Der Dienst ist *nicht* kostenlos, eine gewisse Gebühr muß entrichtet werden. [5]

Laut dem zehnten Fünfjahresplan für 2002 bis 2007 sollen die meisten der anderen Agrarnetzwerke bis 2008 etabliert sein. So soll es dann für Bauern möglich sein, die Landnutzung aufgrund zusammengefaßter Informationen über Boden, Wasser, Wetter und Düngemittel zu planen, weiterhin zu erfahren, wo welches Saatgut zu bekommen ist und welches am besten geeignet ist und schließlich die Preise für Erzeugnisse, Werkzeug und Maschinerie einzusehen und auch auszuhandeln. Für dieses ehrgeizige Ziel braucht es jedoch auch eine Infrastruktur, die so noch nicht vorhanden ist: so müsste in jedem (größeren) Dorf ein landwirtschaftliches Informationszentrum existieren und eine Kommunikationsinfrastruktur vorhanden sein, die den interaktiven Austausch von Informationen zwischen diesen Zentren und anderen Instanzen (Verwaltung, Dienstleister, Wissenschaft) ermöglicht. Genau diese Infrastruktur soll AGRISNET bis 2008 zur Verfügung stellen. [5]

Abseits von diesen staatlichen Initiativen existieren jedoch auch privatwirtschaftliche: Jagriti e-Sewa (`http://www.jagriti.com`) will günstige Kiosk-basierte Lösungen auf dem Land bereitstellen, so genannte Kendras. Bis Ende 2004 sollten in allen Bezirken des Bundesstaates Punjab solche »Kendras« vorhanden sein. Der Kiosk-Betrieb wird bei Jagriti nach Art einen Franchise-Modells an die Dorfbewohner linzensiert, die Betreiber werden vorher entsprechend ausgebildet. Die Kioske sollen Bildungsmöglichkeiten und andere Dienstleistungen bereitstellen, wie z. B.

- e-mails,

- die Buchung von Bus- und Bahnreisen,

- das Abschließen von Versicherungen und Krediten,

- Möglichkeiten zum Geldtransfer und schließlich

- landwirtschaftliche Dienstleistungen: Informationen über Produkte, Preise, Bodentests und Düngeanleitungen. [8]

Für all diese Ansätze der Verbreitung von Informationstechnologie und Vernetzung in der Landwirtschaft wären schließlich noch etliche weitere Nutzungsmöglichkeiten abseits der rein agrarischen denkbar:

- eGovernment, seien das Bekanntmachungen von Regierungsseite oder das Beantragen von Dokumenten und Einholen von Informationen, ergo die allgemeine Abwicklung von Behördenkorrespondenz.

- eVoting, also die Abwicklung von Wahlen über diese Systeme.

- Allgemeine Kommunikation mit Dienstleistern, z. B. das Bezahlen von Rechnungen.

- Bildung. So existiert mit »Samvidha« ein mehrsprachiges Frage-Antwort-System (nicht Echtzeit) für Dorfschulen. Auch eine Art virtuelles Physiklabor für schlecht ausgerüstete Schulen wäre denkbar. [2]

- Gesundheit. Medizinische Daten könnten per PDA gesammelt werden, so wäre eine Digitalisierung des medizinischen Ablaufs möglich: der Transport der Daten wäre einfacher, viele Abläufe könnten autoimatisiert werden. Eine andere interessante Anwendung wäre die Telemedizin: Patienten müssten keine beschwerlichen Reisen mehr auf sich nehmen, um sich behandeln zu lassen. Schließlich wäre die medizinische Bildung der Bevölkerung im Sinne der Vorsorge eine sinnvolle Nutzungsmöglichkeit. [4]

4 Die technischen Herausforderungen und ihre Lösung

Beim Einsatz von Informationstechnologie und Vernetzung in ländlichen Gebieten stellt sich das grundlegende Problem der adäquaten Kommunikationsinfrastruktur: diese muss erst einmal vorhanden sein, um dann basierend auf ihr die jeweiligen Dienste anbieten zu können. [1]

Ein Kernpunkt beim Aufbau von Telekommunikationsinfrastrukturen in der Dritten Welt ist die Erkenntnis, daß Kiosk-basierte Lösungen solchen Ansätzen vorzuziehen sind, die »Rechner für alle« propagieren, nicht zuletzt aus Kostengründen. [1, 5, 8] Doch auch die einfachste Lösung für eine ländliche Telekommunikationsmöglichkeit setzt eine grundlegende Infrastruktur im einfachsten Sinn voraus: So sind für die Einrichtung eines solchen Kiosk' zunächst einmal die Verfügbarkeit von sauberem Wasser, sanitäre Anlagen und geeignete Gebäude essentiell. Desweiteren muß die Energieversorgung der Rechner auf irgendeine Weise sichergestellt werden. Schließlich braucht es im Umgang mit der Technik geschultes Personal: die Rechner müssen gewartet werden und oft muss der Landbevölkerung bei der Bedienung eine erste Anleitung gegeben werden. [1]

Diese Kiosk-Lösungen werden entweder von der Regierung bereitgestellt, bezahlt und gewartet oder aber durch privatwirtschaftliche Initiativen wie das schon erwähnte Jagriti-Modell angeboten. Bei letzterem handelt es sich um einen eher pragmatischen low-cost-Ansatz: Die Kioske werden an Menschen aus der lokalen Bevölkerung lizensiert, die dann auch für Bedienung und Wartung der Technik ausgebildet werden (um dann später mit dem Betrieb eines solchen Kiosk Geld zu verdienen). Um die Kosten gering zu halten, setzt Jagriti auf frei Software und relativ schwache und alte Hardware. Auch für den Netzzugang wird das Rad nicht neu erfunden, sondern auf billige, bewährte Technologien wie den simplen dial-up über das Telefonnetz gesetzt. [8]

Neben der Frage, welche Lösung *hardware*seitig eingesetzt wird, stellt sich außerdem die nach der Beschaffenheit der *Software*: Im Hinblick auf die Zielgruppe nimmt hier die einfache Bedienbarkeit einen besonders hohen Stellenwert ein. Konkret bedeutet das den Einsatz graphischer Benutzeroberflächen, die auch auch in den lokalen Sprachen verfügbar sein müssen, zusammen mit möglichst aussagekräftigen und verständlichen Bildern und Piktogrammen. Schließlich wäre eine Sprachausgabe im Lokaldialekt ein nützliches Feature. [3]

Die größte technische Herausforderung aber stellt die Frage der *Konnektivität* dar. Auch die besten Lösungen für Hard- und Software nutzen im ländlichen Raum wenig, wenn keine Kommunikation möglich ist. Jedoch machen gerade die Gegebenheiten im ruralen Indien die Lösung dieser Frage recht schwierig. Das grundlegende Problem ist das Fehlen adäquater Basisinfrastruktur. [1] Das können so grundlegende Dinge sein wie Straßen oder elektrischer Strom, andererseits wäre das Vorhandensein eines Telefonnetzes hilfreich.

Ein solches schon vorhandenes Telefonnetz könnte unter Benutzung normaler dial-up-Technologie die Kioske untereinander und mit dem Internet verbinden. Das ist zwar günstig, allerdings in vielen Fällen nicht ausreichend, vor allem ist die Bandbreite zu gering. Das größte Manko dieses Ansatzes aber ist wohl, daß das Telefonnetz in Indien eben *nicht* flächendeckend ist und das Verlegen von Kabeln in entlegene, unzugängliche Regionen eine recht teure Angelegenheit darstellt.

Gerade aus diesem Grund ist eine *drahtlose* Überwindung der letzten Meile vielfach die bessere Lösung. Hier gibt es mehrere Lösungsansätze:

Da wäre einmal der Ansatz der Einrichtung von Richtfunkstrecken, meist basierend auf üblichem 802.11 WLAN: Die auf Masten angebrachten gerichteten Empfänger bzw. Sender sind dabei in der Lage, über eine Entfernung von 20 Kilometern hinweg 802.11-übliche Bandbreiten zu liefern, auch die Latenz hält sich im für WLANs üblichen Rahmen. [6, S.1] Auf 802.16 (WiMAX) basierende Lösungen können zudem noch höhere Bandbreiten und vor allem »Quality of Service« bereitstellen. Der Nachteil der Funktechnik ist, daß die Installation recht teuer ist und die Gerätschaften recht empfindlich: Gerade die großen Antennenanlagen könnten einem tropischen Sturm nicht gewachsen sein.

Ähnliches gilt auch für Satellitenverbindungen: zwar ist hier die Bandbreite ähnlich zum Richtfunkansatz (eher geringer), doch gerade die großen Satellitenschüsseln sind besonders anfällig für widrige Umwelteinflüsse wie Sturm und Regen. Hinzu kommt, daß bei ähnlichen Kosten die Latenz bei dieser Lösung sehr viel höher ist.

Im Hinblick auf die Probleme dieser Ansätze stellt eine Lösung namens »DakNet« [6, 7] eine äußerst interessante Idee dar. Das Wort »dak« ist Hindi für »Post«: Anders als bei den erwähnten Ansätzen wird hier keine Echtzeitkommunikation angeboten, sondern eine Lösung basierend auf dem »store & forward«-Prinzip analog zur traditionellen Briefpost. Dadurch ist dieser Ansatz sehr viel günstiger und so gerade für die einkommensschwache Landbevölkerung weitaus besser geeignet.

Hinzu kommt, daß im ländlichen Indien eine Kommunikation in Echtzeit meist auch gar nicht möglich ist, da dort die Netzzugänge fast immer von vielen Menschen geteilt werden: ein Bewohner von Dorf A kann eben nicht davon ausgehen, daß der Kommunikationspartner zufällig zur gleichen Zeit im Kiosk von Dorf B anwesend ist. Das ist auch der Grund, warum ein normales Telefon pro Dorf nicht ausreichend ist. Dazu die Aussage eines Dorfbewohners: »Wen soll ich denn anrufen? Ich kenne niemanden, der ein Telefon besitzt.«. [6, S.2]

Daknet dagegen verfolgt wie gesagt einen »store & forward«-Ansatz, um Sprachaufnahmen (»Voicemail«), Email oder Forenbeiträge auszutauschen. Es nutzt dafür zum Transport der Daten statt Kabelleitungen, Funkstrecken oder Satelliten-Uplinks *physische* Transportmittel wie Busse oder Motorräder. Die Daten werden hierbei von den jeweiligen Kiosken mittels Kurzstreckenfunk (802.11 WLAN) an so genannte »*MAP*s« (mobile access points) übertragen, die auf Bussen, Motorrädern oder sogar Fahrrädern montiert sind. Dort werden sie zwischengespeichert und, wenn das Transportmittel das Ziel der Nachrichten erreicht, ausgeliefert. [7, S.2]

Damit dieses Prinzip auch wirklich funktioniert, müssen folgende Annahmen zutreffen:

1. Die MAP's sind auf Transportmitteln montiert, die *regelmäßig* eine Folge von Siedlungen passieren.

2. Wenn das Fahrzeug mit dem MAP ein Dorf erreicht, wird *automatisch* eine drahtlose Verbindung zum Kiosk aufgebaut und Daten mit relativ hoher Bandbreite ausgeliefert und eingesammelt.

3. Wenn das Fahrzeug mit dem MAP eine Stattion mit Verbindung zum Internet erreicht, werden Daten automatisch von dort geladen oder hochgeladen.

4. Das alles geschieht bei jedem Vehikel, das einen MAP mit sich führt. [6, S.3 f.]

Selbst ein einziges Fahrzeug pro Tag (z. B. eine Überland-Buslinie) kann auf diese Weise einen täglichen Informationsdienst aufbauen. Die nutzbare Bandbreite ist dabei höher als bei einem traditionellem Netz über Telefonleitungen und außerdem nicht von der Entfernung abhängig. [6, S.4] Noch dazu ist der Aufbau eines solchen Netzes verhältnismäßig einfach und günstig, da handelsübliche 802.11-WLAN Hardware verwendet wird: die Installation eines MAP kostet (inklusive unterbrechungsfreier Stromversorgung und anderem Zubehör) etwa 580 US-Dollar, eine Basisstation für einen Kiosk rund 190 US-Dollar. [6, S.6]

5 Versuch einer Bewertung

Bei einer Bewertung der vorgestellten Lösungsansätze muss von vorn herein festgehalten werden, daß es in der Dritten Welt definitiv dringendere Probleme gibt als fehlende

Möglichkeiten zur Telekommunikation: Bevor Telefonleitungen verlegt oder Tele-Kioske aufgebaut werden können, benötigt die Landbevölkerung so essentielle Dinge wie Nahrungsmittel, Straßen, sauberes Trinkwasser und sanitäre Anlagen. Gerade an den beiden letztgenannten Dingen fehlt es im ländlichen Indien jedoch noch oft. [10] Erst wenn die essentiellen Bedürfnisse der Landbevölkerung befriedigt werden können und eine grundlegende Infrastruktur aufgebaut wurde, kann an die weiterführende Versorgung gedacht werden: Aufbauend auf diese Basisinfrastruktur können dann Stromanschlüsse und Möglichkeiten zur Telekommunikation bereitgestellt werden.

Sind diese grundlegenden Bedingungen aber erfüllt, liegen die Vorteile der Einführung von Informationstechnologien und Vernetzung klar auf der Hand: Es existieren einfache und günstige Möglichkeiten, in ländlichen Regionen Kommunikationsinfrastrukturen aufzubauen, mit den eingangs erwähnten Nutzungsmöglichkeiten für die Landbevölkerung. Diese Lösungen sind außerdem so günstig, daß sie auch in Entwicklungsländern umsetzbar sind.

Als mögliche Kritikpunkte verbleiben:

- Von wem wird die Kommunikationsinfrastruktur bereitgestellt? Vom Staat oder von profitorientierten Unternehmen? Sollen die Dienste komplett kostenlos oder - wenn auch nur teilweise - gebührenpflichtig sein? Tut sich so wiederum eine *digital divide* auf?

- Die Frage nach der Sicherheit: bei allen vorgestellten Ansätzen werden die Daten unverschlüsselt übertragen.

- Am schwerwiegendsten sicherlich: die essentielle Infrastruktur wie die Versorgung mit sauberem Trinkwasser und sanitären Anlagen hat Priorität.

Trotz der genannten Kritikpunkte denke ich, daß die Einführung von Informationstechnologien und Vernetzung in der Landwirtschaft der Dritten Welt allgemein eine lohnende Unternehmung darstellt, so lange darüber aus bloßer Technikeuphorie nicht die grundlegendsten Bedürfnisse der Menschen außer acht gelassen werden. Das Beispiel Indiens zeigt, daß Vernetzung und IT durchaus einen praktischen Nutzen für die Landbevölkerung haben können. Es demonstriert aber auch, daß traditionelle (technische) Lösungsansätze den schwierigen Bedingungen in Entwicklungsländern oft nicht gewachsen sind und stattdessen an die regionalen Gegebenheiten - seien das geographische oder soziale - angepasste Lösungen gefunden werden müssen.

Literatur

[1] Khosla, Vinod / Dey, Atanu: *Rural Infrastructure And Services Commons (RISC) -A model for rapid rural economic development.* i4d Magazine, Juli 2004; Internet: `http://www.i4donline.net/july04/rural_full.asp` [09.06.2006].

[2] MediaLab Asia: *Education*; Internet: `http://www.medialabasia.in/index.php?option=content&task=view&id=62&Itemid=71` [09.06.2006].

[3] MediaLab Asia: *Empowerment of Disabled*; Internet: `http://www.medialabasia.in/index.php?option=content&task=view&id=64&Itemid=73` [09.06.2006].

[4] MediaLab Asia: *Healthcare*; Internet: `http://www.medialabasia.in/index.php?option=content&task=view&id=61&Itemid=70` [09.06.2006].

[5] Moni, Madaswamy: *Digital Networks for Farmers - Ushering market-led agriculture extension.* i4d Magazine, Juli 2004; Internet: `http://www.i4donline.net/july04/digitalnet_full.asp` [09.06.2006].

[6] Pentland, Alex / Fletcher, Richard / Hasson, Amir: *DakNet: A Road To Universal Broadband Connectivity.* 2003; Internet: `http://courses.media.mit.edu/2003fall/de/DakNet-Case.pdf` [09.06.2006].

[7] Pentland, Alex / Fletcher, Richard / Hasson, Amir: *DakNet: Rethinking Connectivity in Developing Nations.* Januar 2004; Internet: `http://www.firstmilesolutions.com/documents/DakNet_IEEE_Computer.pdf` [09.06.2006].

[8] Sandha, J. S.: *Jagriti - Revolutionising agriculture, the IT way.* i4d Magazine, Juli 2004; Internet: `http://www.i4donline.net/july04/jagriti_full.asp` [09.06.2006].

[9] Statistisches Bundesamt Deutschland: *Bevölkerung*; Internet: `http://www.destatis.de/themen/d/thm_bevoelk.php` [09.06.2006].

[10] wikipedia.org: *Indien*; Internet: `http://de.wikipedia.org/wiki/Indien` [09.06.2006].